自律
改变命运

郝文龙◎编著

山东科学技术出版社
· 济南 ·

图书在版编目（CIP）数据

自律改变命运 / 郝文龙编著. -- 济南 : 山东科学技术出版社， 2024. 7（2024. 10重印）. -- ISBN 978-7-5723-2110-8

Ⅰ. C933.41-49

中国国家版本馆CIP数据核字第2024F3E021号

自律改变命运

ZILǙ GAIBIAN MINGYUN

责任编辑：李宏滨

主管单位：山东出版传媒股份有限公司

出 版 者：山东科学技术出版社

地址：济南市市中区舜耕路 517 号

邮编：250003　电话：（0531）82098088

网址：www.lkj.com.cn

电子邮件：sdkj@sdcbcm.com

发 行 者：山东科学技术出版社

地址：济南市市中区舜耕路 517 号

邮编：250003　电话：（0531）82098067

印 刷 者：三河市南阳印刷有限公司

地址：河北省三河市杨庄镇杨庄村

邮编：065200　电话：（0316）3654999

规格： 32 开（145 mm × 210 mm）

印张： 3　**字数：** 65 千

版次： 2024 年 7 月第 1 版　**印次：** 2024 年 10 月第 3 次印刷

定价： 49.80 元

前 言

现实生活中，我们会面临各种各样的诱惑，你是否会觉得无力抗拒呢？

这本书里，讲述了很多关于自律的场景小故事，还分析了坏习惯出现的原因，教会你如何养成自律的好习惯。

自律不仅仅是一种习惯，更是一种力量，一种能够改变自我命运的力量。我们每个人都有自己的梦想，都想成为更好的自己。但是，有时候我们会遇到各种各样的困难和挫折，会想要放弃。可是，你知道吗？自律就像是一个小魔法师，它能帮助我们战胜困难，实现梦想。

自律让我们学会规划时间，从而合理地安排学习和玩耍的时间。这样，我们就不会错过重要的事情，也不会因为贪玩而忘记学习。自律让我们学会坚持，就像爬山一样，只有一步步坚持走下去，才能到达山顶，看到更美的风景。

亲爱的小朋友们，让我们自律起来，成为更好的自己吧！希望这本书能让你们学会自律，在未来的道路上越走越远，实现自己的梦想。

目录

第一章　日常生活

（习惯靠细节，品质自提升）

01 规律作息，按时起床不赖床

漫画一角

清晨，闹钟在床头响了又响，几位家庭成员连番上阵叫明明起床，但明明还是躺在床上纹丝不动。

等他磨磨蹭蹭地起床之后，已经快迟到了，只能匆匆忙忙地赶去上学，每天早晨都像“打仗”。

名言警句

朝起早，夜眠迟。老易至，惜此时。

——《弟子规》

名人故事

鲁迅十三岁时，因父亲病重而上学迟到，被老师批评。第二天他在书桌右上角刻了一个“早”字，以此提醒自己要早起不再迟到。此后，他每天都早早起床，料理家务后上学，再未迟到，这种严于律己的精神帮助他成为著名文学家。

【为什么？】>> 为什么早上总是爱赖床？

早上的状态决定一天的精神状态。早睡早起，享受清晨的阳光与新鲜空气，才能精神饱满地开始新的一天，健康成长。

为什么早晨起床难？可能是因为前一晚熬夜，睡眠不足，因此杜绝熬夜、规律作息至关重要。也可能是因为缺乏明确的学习或生活目标，对日常活动无兴趣，缺乏起床动力。对上学有抵触情绪也会让人不愿起床，学校压力或环境不适可能是主要原因。此外，生理不适如感冒、发烧、头疼等，也会导致赖床。

找出赖床原因并积极解决是不赖床的关键。

【怎样做？】>> 如何培养规律的作息？

早起大脑最清醒、活力四溢，可助力你一整天精力充沛。

第一，避免熬夜，确保按时睡眠，设定闹钟为起床信号。

第二，设定早起小目标，从一周开始，逐渐延长至一个月、一年。假期应避免睡懒觉，以免身体“生物钟”紊乱。

第三，培养自己的兴趣爱好。睡前暗示自己新一天会有有趣的事物出现，增强早起的动力。

第四，与家人一起早睡早起，相互竞争，互相激励。

最重要的是，坚持才能养成好习惯，不要轻易放弃！

02 拒绝挑食，远离垃圾食品

漫画一角

中午，一家人坐在餐桌前，妈妈让明明多吃蔬菜，明明扭过头去赌气说：“不要，我想吃汉堡！”无奈之下，爸爸只能给他买来了汉堡。

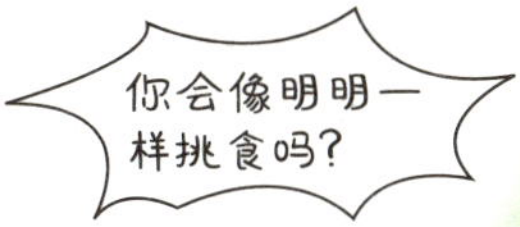

晚上，明明肚子疼得厉害，他冲向厕所，后悔地想着：我再也不吃汉堡了！

名言警句

谁知盘中餐，粒粒皆辛苦。

——《悯农》

名人故事

有人问过当代文学巨匠郭沫若的厨师，才知道郭老能享高寿与他良好的饮食习惯和养生有道有直接关系。他在饮食上不忌口、不挑食，多食杂粮，秉持着“若要健，食莫偏”的理念，最终享年八十有六。

【为什么？】>> 为什么要拒绝挑食，远离垃圾食品？

垃圾食品通常指焦糊、高油、高盐、高糖的食物。这些食品很容易使人发胖，具有超过人体正常所需的热量，食用后会为我们的机体增添额外的负担。

挑食很可能导致身体缺乏某种营养，从而产生健康隐患，影响智力和身体发育。比如，挑食容易造成肠胃功能紊乱，影响食物的消化吸收；或使食欲减退，造成人的抗病能力下降。高盐、高糖的食物从味觉上容易使人上瘾，从而造成过量食用。

引起挑食的原因有很多，可能与个人养成不良的饮食习惯有关，也可能是缺锌引起的。

【怎样做？】>> 如何不再挑食，远离垃圾食品？

第一，家长要身体力行，给孩子做出好的示范。同时带孩子去了解不同食物的营养价值。

第二，少买或不买零食，少喝饮料，定时吃饭。

第三，尝试品尝多种菜品，寻找更符合自己口味的健康食物。同时，培养自己良好专注的吃饭习惯，吃饭时不做其他的事情。

第四，把不喜欢的食物和喜欢的食物混在一起吃，不挑食。

最重要的是，下定改变挑食习惯的决心，坚定执行下去。

03 健康生活，坚持锻炼不放弃

漫画一角

明明每天都坚持锻炼。云云不喜欢锻炼，更喜欢看书。

最近流感盛行了！云云不幸中招，难受地躺在床上。云云看明明还是活蹦乱跳的，心里想：早知道就锻炼一下了。

名言警句

静止便是死亡，只有运动才能敲开永生的大门。

——泰戈尔

名人故事

袁隆平院士一直有坚持运动的习惯。他年轻时是游泳健将，还喜欢去小院子里和老人们打排球，高龄依然如此。他曾这样说过：“锻炼可增强体质，身体好才能更好地做科研。”

【为什么？】>> 为什么要坚持锻炼？

健康的身体是人生的根本。要想保持健康的身体，锻炼则必不可少。

锻炼有许多好处。锻炼可以改善身体素质，降低高血压和心脏病的风险，维持骨骼健康，增强免疫力。运动被认为是一种天然的抗抑郁疗法，能够减轻人的焦虑和抑郁，改善情绪。运动还可以改善睡眠质量，帮助我们睡个好觉。

坚持锻炼，才能够更自由地享受生活。

如果仅仅是因为懒惰而不想锻炼，不妨鼓励自己勇敢地迈出第一步。运动会刺激人体分泌多巴胺，让我们的心情变得更好！

【怎样做？】>> 如何坚持锻炼、健康生活？

第一，设定具体且可达到的每日锻炼目标，每天坚持适量的运动，逐渐养成习惯。

第二，选择自己更感兴趣的运动项目，尝试多样化的锻炼方式，在运动中获得乐趣。

第三，合理安排休息时间，避免过度训练。

第四，找寻合适的运动伙伴，朋友间的相互鼓励对你至关重要。

最后，保持积极的心态，完成运动目标后给自己一些小奖励吧！

04 学会分担，多做家务勤劳动

漫画一角

家里进行大扫除了！爸爸妈妈忙碌着，明明和云云也乖巧地擦着家具。

家里焕然一新，妈妈笑眯眯地夸赞着姐弟俩，两人虽然累，但都骄傲地抬起了头。

名言警句

人生在勤，不索何获。

——《后汉书·张衡列传》

名人故事

《三字经》有云：“香九龄，能温席。孝于亲，所当执。”讲的是黄香九岁时就替父亲暖被窝，孝敬父亲。这是孝顺父母的人都应当效仿的。人们都称赞他“天下无双，江夏黄香”。

【为什么？】>> 为什么要分担家务多劳动？

劳动自古以来就是中华传统美德。孩子作为家庭成员的一分子，要想融入家庭，分担家务是最直接的方式。

当我们置身于做家务的劳动中，可以增加对自身价值的肯定，促进家族成员之间的融洽关系，营造和缓的家庭氛围，减少父母等长辈生活的压力。

分担家务还可以培养我们的责任意识，对父母的辛苦感同身受，从而拥有一颗感恩的心，懂得为自己、为家人乃至为社会尽力。劳动还可以提高我们解决问题的能力，锻炼自己的动手能力，积累生活经验。

【怎样做？】>> 如何培养劳动的习惯？

劳动可以充实我们的生活，愉悦我们的心情。

第一，从做一些力所能及的事情开始，自己的事情自己做，比如收拾自己的房间。

第二，选择去做一些自己感兴趣的家务，让兴趣和好奇成为最好的老师。

第三，自主寻找劳动过程中的快乐，在劳动中培养自己的自豪感。比如，感受房间的整洁，享受家人对自己厨艺的夸奖。

第四，和家人一起做家务，寻求他们的指导和帮助，可以使劳动的过程更愉快。

05 告别游戏，与手机保持距离

漫画一角

入夜，明明好不容易写完作业，兴奋地打开手机游戏软件，一直玩到深夜，月亮都悄悄消失了！

第二天上课，明明无精打采的，忍不住在课堂上打瞌睡——殊不知张老师已经盯上他了！

名言警句

业精于勤，荒于嬉；行成于思，毁于随。

——《进学解》

名人故事

卫懿公特别爱鹤，整日与鹤为伴，不理朝政，引得大臣不满，百姓怨声载道。将士们气愤地说：“让享有最高地位的鹤去打仗吧！”后来外族入侵，军心不齐，卫懿公战败而死。后人便把他的行为称作“玩物丧志”。

【为什么？】>> 为什么要与手机保持距离？

沉溺于手机游戏会使我们丧失积极进取的勇气，难以全身心地投入学习和生活中。自控力不强的人就更难以抵挡游戏的诱惑，导致学习成绩下降。手机中的信息真假参半，在我们的“三观”（世界观、人生观、价值观）没有完整建立之前，要小心不良信息的毒害。

你为什么容易对手机游戏上瘾？可能是因为缺少可以一起外出玩耍的朋友，兴趣爱好较少；或是自控力不强，容易被事物诱惑而难以自控。

应当记住的是：沉迷一时的享乐并不会获得真正的快乐。

【怎样做？】>> 如何提高自控能力？

第一，培养更健康的兴趣爱好，将自己从手机游戏中暂时解放出来，充实自身的生活。

第二，正确地看待自己，建立奖惩制度，如打游戏就惩罚自己不吃零食等。

第三，如果无法一次性摆脱手机游戏，应制定严格的时间规范，一点点减少对于手机游戏的依赖。

第四，拜托家人或朋友监督自己，多与他们相处而非独处。

06 整理东西，不懒惰

漫画一角

房间里乱糟糟的，明明却悠哉地躺在床上看书。

明明的一只袜子不见了，他翻箱倒柜，怎么也找不到，还把房间弄得更乱了。

名言警句

才能一旦让懒惰支配，它就一无可为。

——克雷洛夫

名人故事

陈蕃十五岁时独居，家里很乱。他父亲的朋友薛勤来拜访，对他说：“你为什么不打扫房间来迎接客人？”陈蕃说：“大丈夫当以扫除天下的坏事为己任，怎能在意一间房子呢？”薛勤反问道：“一屋不扫，何以扫天下？”

【为什么？】>> 为什么总是懒得整理东西？

整理东西不仅可以营造一个舒适的生活环境，还方便我们日常寻找和使用东西，减少麻烦事，使我们的心情变好。另外，整理东西也是一个解压的过程，可以缓解心理压力。

为什么你总是懒惰而不想整理东西？可能是从小没有养成爱整洁的习惯，家长大包大揽所有家务后，你便理所应当地认为这是家长的事。也可能是欠缺自我管理意识，独立性差，觉得整理东西很无聊，没有动力。也有可能是你天性比较懒散，习惯待在松散随意的环境里，从而觉得整理东西无所谓。

【怎样做？】>> 如何提高自理能力？

整理东西是一个优良的习惯，也是一种需要掌握的个人能力。

如何摆脱懒惰，学会整理东西？

第一，认识到整理东西这件事的必要性，树立正确的观念。

第二，在父母的帮助下合理地安排生活空间，提高整理过程的游戏性和趣味性，使之变成一项解压的活动。

第三，制定整理东西的时间计划，慢慢养成习惯，比如每周六整理一次。

第四，将东西分类存放，及时将使用后的东西归位，学会“断舍离”，营造舒适的生活环境。

07 讲卫生，不邋遢

漫画一角

明明刚和小伙伴们嬉闹了一阵儿，衣服弄得脏脏的，兴冲冲地跑回家，准备吃午饭。

你会像明明一样邋遢，不讲究卫生吗？

今天妈妈做了一顿大餐，明明刚坐到餐桌前准备吃饭，就被家人们叫停了。

名言警句

如果说身体要注意卫生，那么头脑和性格也是要注意卫生的。

——皮萨列夫

名人故事

圣人孔子非常注重个人卫生。他讲究“礼”，有保持皮肤洁净、讲究穿着的良好习惯。他认为人们起床后要沐浴更衣，吃完饭要漱口，以干净整洁的面貌面对他人。

【为什么？】>> 为什么喜欢邋遢、不讲卫生？

对外来说，邋遢的人不容易建立良好的人际关系，会给别人留下较差的第一印象，不容易交到朋友；对内而言，不讲卫生会对我们的身体健康造成严重的隐患，降低我们的生活质量。

为什么孩子喜欢邋遢，不讲卫生？可能是没有受到良好的卫生行为指导，没能形成良好的卫生习惯，觉得讲不讲卫生并不重要；可能是孩子生活的环境较差，父母及周围人群缺乏卫生知识；也可能是孩子不重视卫生，散漫懒惰。有些生理和心理疾病，也会导致孩子邋遢、不讲卫生。

【怎样做？】>> 如何学会讲卫生、不邋遢？

讲卫生不仅对我们的身体有好处，也能改善别人对我们的看法。

第一，从小事做起，脚踏实地地完成一些小目标。比如“四勤”：勤洗手，勤洗澡，勤剪指甲，勤理发。

第二，注意环境卫生，经常打扫房间、开窗通风。

第三，早晚刷牙，饭前便后要洗手。

第四，不共用卫生洁具，不乱扔垃圾。

第五，不吃没有卫生保障的食品，不吃变质食品，不吃没有清洗干净的食品，不喝生水，对自己的身体负责。

第二章　学习生活

（自律小技巧，学霸成功梯）

01 制订计划，化整为零地学习

漫画一角

放假了，明明正准备出门和小伙伴玩，而云云正在制订着作业和学习的计划。

一转眼就要开学了，明明的作业剩得太多，根本写不完！他补作业补了一夜，而云云已经美美地睡觉了。

名言警句

凡事预则立，不预则废。

——《礼记·中庸》

名人故事

马拉松运动员山田本一曾两次夺得世界冠军，他在自传中写道：每次比赛前，我都要乘车勘察一遍比赛路线，把不同的地标事物设置成不同的目标，直到赛程的终点，如此我就不会被遥远的路程吓倒了。

【为什么？】>> 为什么要制订计划？

计划是实现目标的保证。

制订学习计划可以促进学习目标的实现，增加完成学习任务的成就感，提高学习效率。制订学习计划也可以磨炼学习意志，有利于养成良好的学习习惯。长期按学习计划行事，就会使学习生活很有规律。

学习计划表可以帮助我们克服惰性和倦怠。如果能按部就班地完成学习，便不会因学习而产生太大压力，且有时间做其他该做的事。学习计划表可以使我们了解自己的学习进度，且可以帮助自己对先前的学习做出评价。

【怎样做？】>> 如何制订计划，化整为零地学习？

通过制订计划，可以达到化整为零地学习的目的，帮助我们提高学习效率。

第一，全面分析，正确认识自己，脚踏实地地制订计划，不要好高骛远。如了解自己完成各科作业的基本时长。

第二，结合实际来确定目标。把学习任务划分成一个个小节，化整为零地一步步完成。

第三，长计划，短安排，务实地完成计划。根据计划完成情况不断调整，慢慢找到最适合自己的安排方式。

第四，请求家人帮助监督。制订计划时可以寻求家人的帮助。

02 主动完成作业，不磨蹭

漫画一角

晚上，明明目不转睛地看着电视。妈妈催他去写作业，明明悠闲地一动不动。

你会像明明一样磨蹭着不想写作业吗？

等他开始写作业时，已经晚上十点了。明明慌张地写着作业，不断地祈祷时间再慢一点儿。

名言警句

拖延是贫穷的绿洲，等待是苦涩的果实。

——勒·贝尔南

名人故事

美国经济学家乔治·阿克尔洛夫曾说起自己拖延的经历。当时他想将一箱衣服从印度寄往美国，这件事估计要花上一天的时间，因此他一直想晚会儿再去做。每天早上他看到箱子，都想着明天一定寄，结果这一拖就是八个多月。

【为什么？】>> 为什么总喜欢磨蹭？

做事磨蹭会严重影响做事效率，甚至扰乱原本的日程安排，致使行为变得懒散，影响到学习和生活。

为什么总喜欢磨蹭？对于所做的事情没有兴趣，自然就提不起主动去做的劲儿。如果任务越堆越多，就会使我们产生一种畏难的情绪，从而不愿意去做。也可能找不到有效的做事方法，速度快不起来，只能磨磨蹭蹭。不具备时间观念也可能导致磨蹭的结果，不知不觉中就浪费了时间。除此之外，也会有家庭的影响，或是情绪和性格的影响。

【怎样做？】>> 如何告别磨蹭？

主动完成作业会给我们预留更多的可支配时间。

如何克服磨蹭的坏习惯，主动完成作业？

第一，正确认识到磨蹭的后果。为自己主动完成作业补充一些动力，比如设置主动完成作业的奖励。

第二，规定时间做规定的事情。给自己充分的心理暗示，安排好什么时间段做什么事。

第三，制订计划，把作业分部分、分阶段，增加写作业获得的成就感。

第四，获得家人的帮助，增强时间观念，营造一个适合学习的环境。刚开始时，可以让家人帮助提醒自己。

03 细心检查，不返工

漫画一角

明明写完作业了，欢呼一声就把作业丢开。他看见云云还在书桌前检查作业，不由得撇了撇嘴。

第二天，云云的作业被当堂表扬了，明明的作业因为太马虎，而被打回去重写。

名言警句

欲要看究竟，处处细留心。

——宋帆

名人故事

1967 年，苏联宇航员弗拉迪米尔·科马洛夫独自驾驶宇宙飞船返航。当飞船需打开降落伞以减缓速度时，科马洛夫发现无论如何也无法打开降落伞，最终飞船坠毁。据说这次事故是因为在地面检查时忽略了一个小数点而导致的。

【为什么？】>> 为什么要细心检查作业？

由于诸多原因，作业里出现错误是难免的，而检查便是修正这些错误的最好方法。通过检查，能够避免我们因作业出现错误而被要求返工，同时也能提高我们的学习效率。检查作业本身也有好处，可以提升知识的掌握能力，提高正确率，也能培养做事认真的态度，帮助克服粗心马虎的坏习惯。

为什么不愿意检查作业？可能是没有认识到这件事的重要性，觉得意义不大；可能是因为需要重看一遍题目而感觉枯燥乏味，因此缺乏主动性；还可能是觉得没有必要。

【怎样做？】>> 如何细心检查，不返工？

如何培养细心检查的习惯？

第一，态度决定一切。应认识到细心检查的重要性，学会对自己所犯错误的特点和习惯进行总结，保持端正认真的态度。

第二，做题时认真审题，细心答题，标记一些题目信息，方便进行检查。

第三，掌握检查方法。比如检查数学作业时，确认思路无误后，就可以重复进行一次草稿纸上的计算过程。针对不同科目的作业要有不同的检查方法。

第四，长期坚持检查，不轻易放弃。在检查时保持心无旁骛的认真状态，不为外物所影响。

04 时间管理，高效利用每一分钟

漫画一角

云云和明明正在写作业，明明写得太无聊了，想着反正时间还多，转过头去看着窗外发呆了。

你会像明明一样做不好时间管理吗？

为什么我的作业总是写不完、时间总是不够用呢？好不容易写完作业，还想着玩一会儿呢，一看时间：这么晚了！

名言警句

逝者如斯夫，不舍昼夜。

——孔子

名人故事

著名数学家陈景润十分珍惜时间。他曾给自己拟出一张工作时间表，把一天 24 小时充分利用起来，包括零碎的时间。即使在走路，他也在读读背背。他的英文、俄文、法文、德文四门外语的单词就是这样掌握的。

【为什么？】>> 为什么要做好时间管理？

时间是最宝贵的资源。通过研究时间消耗的规律，探索科学安排和合理使用时间的方法，可以提高工作效率，更有效地利用时间。

管理好时间也是个人能力的体现，可以获得更多空闲来投身于自己想做的事，获得更加充实的生活。分配时间，可以帮助我们更全面地认识事项的重要性。在更重要的事情上花费更多的时间，可以减少犯错。

如果做不好时间管理，就会浪费时间而虚度生命，感觉在被事情和生活推着走，增加我们的生活压力。

【怎样做？】>> 如何高效利用每一分钟？

时间管理的目的是让我们在最短时间内实现更多想要实现的目标。

第一，明确目标。把目标按照重要性依次排列，列一张总清单，明确我们要做的事情。

第二，提前安排好明天至下周的事项，按照事项的重要性排序。认真思考，制订可行性计划。

第三，做好时间日志。把每天花在各种事项上的时间一一记录下来，找出浪费时间的根源，寻求改变。

第四，充分利用零碎时间。留出机动时间，不要把所有时间都填满。

05 全神贯注，不开小差

漫画一角

课堂上，汪老师神采飞扬地讲着课。明明坐在教室里，却总是不由自主地看向窗外。

汪老师点到明明来回答问题，明明手足无措地站在原地，什么都不知道，心里后悔极了。

名言警句

把你的精力集中到一个焦点上试试，就像透镜一样。

——法布尔

名人故事

王羲之在练字的时候总能达到忘我的境界，连吃饭都忘了。有一次书童送来馒头和蒜泥，催着他吃。王羲之一边吃一边练字，太过全神贯注，竟然错把墨汁当成蒜泥蘸着吃了，弄得满嘴乌黑。

【为什么？】>> 为什么总是容易开小差？

全神贯注的状态会提高工作和学习效率，降低犯错误的可能性，快速高效地完成任务。总是开小差则会打乱我们的思路，降低工作效率，很难保证正确率。

开小差即注意力不集中，可能由多种因素造成。当人们对正在进行的活动不感兴趣时便容易分心，身体或心理上的疲劳也会削弱人们的专注力。嘈杂的环境、过多的信息等外界打扰也会分散人们的注意力，从而出现走神儿的情况。甚至睡眠不足、有心理压力和焦虑都会使人难以保持专注。

【怎样做？】>> 如何克服开小差的坏习惯？

了解自己容易开小差的原因，并采取相应措施，可以帮助你提高专注力。

第一，设立明确的目标来提高动力，提高自己的兴趣，循序渐进。

第二，创建一个有利于专注的学习环境，减少来自外界的干扰，养成在固定时间、固定地点学习和工作的习惯。

第三，保持充足的睡眠和健康的饮食，定期休息，避免长时间连续学习导致的疲劳。

第四，练习冥想和一些其他技巧来提高专注力。

06 合理分配时间，不慌乱

漫画一角

明明在云云的帮助下制作了一张计划表，把所有时间都填得满满的。他满意极了：这次我总能进步了吧！

一直到晚上，明明才发现不对劲了。他慌张地赶着作业，思考着还有多少事情没做，忍不住疑惑：为什么事情总是做不完呢？

名言警句

时间应分配得精密，使每年、每月、每天和每小时都有它的特殊任务。

——夸美纽斯

名人故事

美国科学家富兰克林以其严格的生活规律和时间管理而闻名。他为自己制订了一张作息时间表，每天在固定时间起床、工作和休息，并且不断自省，通过设定每天的目标来保持高效的工作和生活节奏。

【为什么？】>> 为什么要合理分配时间？

时间是人们最宝贵的财富，对时间的掌控和利用不仅关系到个人的成长和未来发展，还直接影响我们当下生活的状态和质量。

合理地分配时间能够帮助人们在做事情时有计划、有条不紊，有效防止拖延，确保任务按期完成，提高了人们的工作效率。通过时间分配帮助人们明确短期和长期目标，使目标更具体、更容易实现。

合理分配时间有利于在学习和个人兴趣之间找到平衡点，增强生活的满足与幸福感，减少因任务紧迫而带来的压力和焦虑。

【怎样做？】>> 如何合理分配时间？

合理分配时间是提高生产力和减少压力的关键。

第一，提前一天列出第二天的任务清单，并根据优先级排序，为每个任务设定明确的目标和截止日期。

第二，将一天分成几个时间段，每个时间段专注于特定类型的任务。一段时间里只完成一个任务。

第三，定期查看时间分配计划和任务进展，根据实际情况进行调整。留出一些“缓冲时间”来处理突发事件和任务延期。

第四，可以适当使用时间管理工具，如日历。

07 难易交替，让大脑放松一下

漫画一角

今晚的数学作业真难呀！明明愁眉苦脸地计算着，心里赌着一口气：我今天非要先写完数学作业不可！

明明写得头昏脑涨的，连简单的语文作业都耗费了他更长的时间。

名言警句

穷则变，变则通，通则久。

——《周易》

名人故事

达芬奇是一位多才多艺的艺术家和科学家，在完成复杂困难的工作之后，他采用一种独特的方法来放松大脑：经常使用镜子观察自然界的现象，以不同寻常的视角来放松思维，激发创造力。

【为什么？】>> 为什么要难易交替？

难易题目交替着写是一种常见的学习策略。

如果执着于难题，容易导致思维僵化，增加大脑压力，从而延长解题的时间，打击我们的信心；如果只写简单的题目，无法充分锻炼我们的能力。

长时间专注于难题可能会导致精神疲劳，而解决简单问题可以给予大脑一些休息时间，避免厌倦。成功解答容易的问题可以增强自信心和动力。通过交替处理不同难度的题目，可以帮助大脑保持活跃，避免单一题目导致的思维定式，提高学习效率。

【怎样做？】>> 如何使用难易交替的学习方法？

难易交替是一种高效的学习策略，能够提升整体的效率和效果。

第一，确定任务的难度。需要根据任务的复杂性、所需时间和精力以及个人的能力情况来判断，将大任务分解成小的部分。比如数学作业可以根据不同的知识点进行分类。

第二，设计难易交替的学习计划，将难题和简单题交错排列。比如精神饱满时先做难题，精力不足时做简单题目。

第三，保持积极的心态，利用专注力高效完成任务。

第四，及时反思和调整计划。

08 持续的努力会有回报

漫画一角

汪老师发现明明最近很努力，上课认真听讲，作业也完成得很好，甚至课间都不和同学们一起玩了，反而一个人默默地复习着知识。

你会像明明一样疑惑努力到底会不会有回报吗？

汪老师却不知道明明最近很难过、烦恼。他这么努力，最近的那次考试还是没考好。

名言警句

精诚所至，金石为开。

——《论衡·感虚篇》

名人故事

屠呦呦是一位坚持不懈的科学家，她专注于医学研究，尤其在抗疟疾药物的研发上投入了巨大的精力。在尝试了 200 多种中药、380 多种提取方式后，她最终发现了有效成分，提取了青蒿素，并因此获得了诺贝尔生理学或医学奖，此时她 85 岁。

【为什么？】>> 为什么需要持续的努力才会有回报？

三天打鱼、两天晒网的学习和生活状态无法提高自身能力。三分钟热度的努力就像镜花水月，短时间内得不到反馈，便容易因恐惧、不确定性而拖延、放弃，或极快地转变目标，无法获得知识积累。

通过不断的努力和练习，人们的技能会逐渐提高，对目标有更清晰的认识和追求，培养出面对挑战不退缩的韧性。持续的努力会促进个人不断地学习和成长，增强个人的信心，为成功打下坚实的基础。持续的努力还能帮助自己养成积极的学习习惯和生活态度。

【怎样做？】>> 如何培养坚持的好习惯？

坚持是实现长期目标的关键因素，最终能带来丰厚的回报。

第一，设立富有挑战性和可行性的目标。不断地激励自己，保持完成目标的兴趣。

第二，制订行动计划并遵循、执行，养成完成目标的日常习惯，保持积极的心态。

第三，与志同道合的朋友、家人建立联系，寻求支持和鼓励，增强持续努力的动力。

第四，积极应对挫折和失败，定期评估和反思自己，且为自己设置一些完成任务后的奖励。

09 时间都是挤出来的

漫画一角

明明正在思考他要做的事情：写数学作业，写语文作文，背英语单词，还要留一些时间看喜欢的课外书……

你会像明明一样总觉得时间不够用吗?

谁想到计划赶不上变化，他又来不及完成今天所有的任务了。明明惆怅地问云云：为什么你就有那么多时间做自己的事情呢?

名言警句

时间就像海绵里的水，只要愿挤，总还是有的。

——鲁迅

名人故事

优秀影片《喜盈门》曾轰动中国影坛，编剧辛显令长期以来充分利用空闲时间读书、学习和写作，每天忙到深夜，睡眠从不超过6个小时。正是因为他特别善于挤时间，才在工作之余写出了一部出色的电影剧本。

【为什么？】>> 为什么要学会挤时间？

如果无法掌握这一技能，就容易感到时间不够用，规定的计划和任务难以完成，从而耽误其他事情的进行，影响我们的心情和做事效率。

通过有效地挤时间，能在相同时间内完成更多的任务，提高工作效率，为其他活动留出空间。可以为我们提供更多的时间来追求个人兴趣，并且减少紧急任务的堆积。学会挤时间，用于学习新知识和新技能，可以不断提高个人竞争力，有更好的应变能力，能够更加灵活地应对生活中的变化和挑战。

【怎样做？】>> 如何挤出时间？

学会挤时间不仅可以提高工作效率，也能提高个人的生活质量和实现长远目标。

第一，将手头的事情做好，提高做事的效率。避免返工，减少他人的打扰，为挤时间提供前提和基础。

第二，学会充分利用闲暇时间。比如通勤时间里可以选择性地背一些英语单词，课间写几道作业题目，抓住碎片时间并加以利用。

第三，了解任务和事件的重要性与优先性。不太重要的事情可以先往后放。

第四，早睡早起，节约出更多的时间。

10 好记性不如烂笔头

漫画一角

课堂上，明明正在听讲。他眼睛一瞥，发现同桌一直在认真地记笔记，不禁想：听一遍就能记住的事情，干吗要用笔记呀？

你会像明明一样上课懒得记笔记吗？

课间写作业的时候，明明怎么都想不起来上午那节课的知识点了。他抓耳挠腮想了半天，才小声地问同桌：可不可以借我看看你的笔记？

名言警句

好记性弗如烂笔头。

——《越谚》

名人故事

唐代诗人李贺有一种特殊的记笔记方式。他每天都会背一个布袋出门，灵感一出现，就会把诗句写在纸条上，并放入布袋中。晚上回家后，他会整理这些诗句，形成完整的诗篇。

【为什么？】>> 为什么要记笔记？

记笔记是一种良好的行为习惯，是十分有效的学习方法。

通过记录、整理和回顾笔记，人们可以更好地理解和掌握知识，克服知识的混淆与遗忘，帮助我们明白教材的重难点，捋清知识脉络，提高学习效率。记笔记还能帮助人们捕捉灵感，在需要时便可以派上用场。在海量的信息中，记笔记可以帮助人们筛选出有价值的信息，进行思考与整合，发掘出需要我们重点关注的内容。

不愿意记笔记，可能是觉得记笔记太过麻烦、浪费时间。

【怎样做？】>> 如何记笔记？

笔记是强大的学习和思考工具，能够促进个人的成长。

第一，明确记笔记的内容。以重难点为主，避免无重点地全部记录，学会筛选内容。

第二，记录要点和关键信息，以此形成自己的知识结构，逐渐寻找自己习惯的记录方法。比如使用康奈尔笔记法。

第三，善用水彩笔等工具，善用缩写来节省时间。在听讲或阅读时实时地记录关键信息，避免错漏。

第四，最重要的是定期回顾笔记，思考所学内容的意义和应用，不断巩固知识，加深记忆。

11 今日事，今日毕

漫画一角

夜深了，可明明的今日计划还没完成。他哀叹一声用被子蒙住脑袋，今天好累，不然明天再做吧！

你会像明明一样把事情拖到明天再做吗？

第二天了，明明振作着打开计划本。他震惊地发现，怎么有那么多的事都堆到今天了呀？

名言警句

明日复明日，明日何其多。我生待明日，万事成蹉跎。

——《明日歌》

名人故事

一位青年画家把自己的作品拿给大画家柯罗请教，柯罗指出了几处他不满意的地方。画家道谢后说明天全部修改，柯罗激动地问：“为什么要明天？你想明天才改吗？万一你今晚就死了呢？”这足以看出他惜时如命。

【为什么？】>> 为什么总想把事情拖到明天做？

把今日事拖成明日事，不仅会使事情堆积起来，打乱我们原定的计划与安排，降低做事效率，还不利于锻炼个人的自律能力，无法提高安排时间的能力。

今日事今日毕可以提高我们的办事效率，节约时间资源，帮助我们合理地规划时间，避免拖延，从而减少压力和焦虑，保持正常的生活秩序。

总想把事情拖到明天做，可能是对于要完成的事缺乏兴趣，或者事情太多而产生畏难、退缩心理，不愿积极面对。也可能是时间安排得不充分，超出自己的能力范围。

【怎样做？】>> 如何做到今日事今日毕？

今日事今日毕，对我们的学习和生活都有较多意义。

第一，把握时间观念，正确地认识自己，了解自己的能力，合理分配时间与制订计划，不要安排过多的事情。

第二，不浪费时间，养成“马上去做”“想到就去做”的习惯。设立奖惩制度，如果今天的事拖到明天就要施以惩罚，反之可以给予奖励。

第三，可以寻求志同道合的朋友的帮助，互相监督。

第四，反复思考拖到明天后可能造成的恶果，不给自己拖延的理由。

第三章　学校生活

（学习小能手，科科能学好）

01 做个守时的好孩子

漫画一角

上学路上，明明慢悠悠地走着，向左看一看小花小鸟，向右去凑凑热闹，悠闲极了。

你会像明明一样没有时间概念吗？

明明果然迟到了，汪老师和同学们的注视让他有些羞愧，不由得自我反省起来。

名言警句

时间就是生命，无端地空耗别人的时间，其实是无异于谋财害命的。

——鲁迅

名人故事

康德有次去拜访一位朋友，约好了时间。他提前很长时间出发了，但是不幸路上遇到洪水，河上的桥被冲垮了。为了不迟到，康德给了附近一个农民很多钱，从他的小木屋拆下一些木板修桥渡河，准时赴会。

【为什么？】>> 为什么要守时？

守时是中华民族的传统美德，也是一种基本的个人修养和社会礼仪。

守时能够体现个人的休养，通常被认为是个人可靠性的一种表现，往往能获得更多的信任和尊重。守时还能维护人际关系，保持与朋友的友谊，是一种良好的生活习惯。

为什么有些孩子不守时？可能缺乏时间概念，不懂得时间和约定的重要性；也可能对于自己完成任务的时间有过于乐观的推测，从而导致实际用时超过预期。交通、突发事件等外部因素也可能导致不守时情况的出现。

【怎样做？】>> 如何培养守时的习惯？

守时不仅是个人习惯的体现，更是对他人时间和努力的尊重。

第一，培养正确的时间概念，了解时间和约定的重要性，要有守时的意识。

第二，不要过于乐观，做事时预留出足够的时间，减少各类突发情况的不利影响，养成做任何事都提前 15 分钟的习惯。

第三，提前计划好要做的事，做事有条理。

第四，可以借助工具，比如戴一块走时准确的手表，设置闹钟提醒自己守时。

02 老师喜欢爱提问的孩子

漫画一角

语文课上，同学们表现得十分积极，都争先恐后地举手回答问题。明明却缩在角落埋着头，生怕老师发现他。

课后，同桌疑惑地问明明为什么不敢抬起头。明明知道这样不好，但他抿了抿嘴，什么都没说。

名言警句

敏而好学，不耻下问。

——《论语》

名人故事

孙中山小时候在私塾读书，书里的含义先生从来不说，只让照着念。一天，先生又教了一段课文，孙中山读几遍就背下来了，却不知道是什么意思，就勇敢地询问其含义。他后来说：“学问学问，不懂就要问。”

【为什么？】>> 为什么不喜欢提问？

提问也是一种学习的过程。

提问的过程中可以梳理杂乱的信息，节省时间，帮助我们找出事物的本质，提高对知识的掌握能力；还能培养我们与人交往的能力，少走弯路，为学习或生活中遇到的瓶颈寻找突破口。

为什么不喜欢提问？课堂上不爱举手提问，可能是有所顾忌，也可能是因为懒于思考问题，不想参与课堂互动，缺乏学习主动性。课后不敢提问，可能是没有正确认识师生关系，感到害羞或不自在，或不愿给老师增添麻烦。

【怎样做？】>> 如何成为一个爱提问的孩子？

提问不仅能增加个人的知识和理解，还能提高思考质量，改善人际关系。

第一，培养积极的态度，在课下演练，做好充分的准备，减少对于提问这一行为的恐惧。

第二，可以寻求家人或朋友的帮助，提前演练提问的环节，提高适应能力和交流的兴趣，组织好提问语言。

第三，认真地学习和复习功课，把疑难问题收集起来，独立思考之后再向老师提问。不能完全依赖老师的解答。

第四，自我鼓励，勇敢地与他人交往。

03 勇敢说不，拒绝不合理要求

漫画一角

放学了，同学拉住准备回家的明明，让明明替他做值日。明明犹豫着还没说出“不”呢，同学就离开了。

你会像明明一样不好意思拒绝别人吗？

明明打扫到很晚才回家，爸爸妈妈十分担心。问完情况后，一家人围在一起谈话。

名言警句

君子有所为，有所不为。

——《论语》

名人故事

东汉人杨震是个清官，他去东莱上任的时候路过冒邑。冒邑县令受过他的恩惠，于是晚上带着黄金悄悄去拜访杨震。杨震当场拒绝了这份礼，县令说晚上没人能知道，杨震却说：“天知地知，你知我知。”

【为什么？】>> 为什么要敢于拒绝？

别人请求帮忙时，我们总会担心说“不”会伤及双方的情谊，所以常常不好意思拒绝，便有可能接受一些超出自己能力范围或与自己时间安排有冲突的要求，从而影响自己的生活。如果答应后再拒绝，则更加损伤双方情谊，为双方带来麻烦。

为什么不敢说“不”，甚至会感到愧疚难受呢？可能是因为内心敏感，觉得拒绝别人的要求便是做了天大的坏事，遇到事情宁愿委屈自己也不愿让别人难过；也可能是一直以来的形象束缚，从而根本不会拒绝他人。

【怎样做？】>> 如何做到敢于拒绝？

善于说“不”，理智拒绝，不仅是对自己负责，更是对别人负责。

第一，保持清晰的头脑，熟知自己的能力范围，了解哪些事是自己做不到的，不逞强，不好面子。

第二，学会说出自己的困难。在拒绝时，如实告诉对方与自己的安排产生冲突，便不会影响双方的感情。

第三，提出弥补方案。如果你实在无法帮助别人，又不想让他失望，可以帮他想一想别的办法。

第四，以自己的事情为主，不委屈自己迎合别人，该拒绝时坚决说“不”。

04 学校规则要遵守

漫画一角

课堂上，明明开小差时想起了高兴的事情，忍不住和同桌窃窃私语起来，把同桌也逗笑了。

他们的小动作被老师尽收眼底，汪老师喊了明明的名字，提醒他现在正在上课。

名言警句

无规矩不成方圆。

——《孟子》

名人故事

有一次，周恩来总理在北戴河要查看世界地图和一些书籍。工作人员给图书馆打电话借书。接电话的人说："图书不外借是规定。"周恩来总理便冒雨来到图书馆看书，并和蔼地说："无论谁都要遵守制度。"

【为什么？】>> 为什么要遵守学校规则？

遵守学校规则对于构建和谐校园环境、保障学生安全，以及培养学生的纪律性和责任感至关重要。

学校规则不仅是为了管理学生的校园行为，更是为了我们的全面发展和社会实践能力的提升。学校规则可以维护校园秩序，帮助创造一个安静有序的学习环境。遵守学校规则，可以强化学生的组织纪律性，培养集体协作能力。

为什么不遵守学校规则呢？可能是因为对于规则不了解，或者没有培养好遵守规则的意识，认为规则并不重要。

【怎样做？】>> 如何遵守学校规则？

遵守学校规则是成为一个好学生的必然前提。

第一，积极了解学校规则的内容。学校规则包括课堂纪律、校园安全和学习规范。对于不清楚的规则，可以及时询问他人。

第二，在校园中与师生交流时尊重他人，公共场所保持安静，积极参加班级和学校组织的集体活动。

第三，设定固定的作息表，不迟到，不早退，合理规划学习和活动计划。

第四，诚实守信，不违反考场规则。如果对某些规则不满或有改进建议，可以合理地表达自己的观点。

05 学会宽容，打开心扉交朋友

漫画一角

云云不小心把明明的文具盒碰掉了。明明把文具盒捡起来一看，顿时十分生气——文具盒被摔坏了！云云赶紧道歉。

明明还是很生气，两人好几天不说话。这天妈妈来开导明明，云云也拿来了新的文具盒。明明顿时为自己的所作所为感到愧疚。

名言警句

海纳百川，有容乃大。

——林则徐

名人故事

清朝时，宰相张廷玉的父母在老家与一位姓叶的侍郎因建房起了争执。张母写信给儿子希望他出面解决，但张廷玉却劝导母亲退让。最终两家各退三尺，形成了一条六尺宽的巷道，被称为“六尺巷”。

【为什么？】>> 为什么要宽容待人？

在校园中，同学之间可能会存在不同意见，宽容能够帮助我们超越小的分歧，维护良好的同学关系，减少因误解、偏见引起的不必要的冲突。

宽容还帮助我们理解和尊重不同的文化与背景，促进我们与他人发展良好的合作关系并建立信任，提升个人的包容性，促进个人成长，培养我们的耐心和同情心。

人非圣贤，人都有犯错误的时候，需要得到他人的宽容。宽容能够使对方重新审视自己的行为，也能使自己远离烦恼与仇视，让心情安宁。

【怎样做？】>> 如何学会宽容待人？

第一，培养同理心。尝试站在别人的角度去理解他们的处境与感受，努力理解别人的行为和动机。

第二，尝试接受并尊重别人的差异。每个人都有自己的价值观和行为方式，要意识到自己可能存在的无意识偏见，并加以修改。

第三，学会原谅，练习耐心。在同学冲突中给自己时间冷静下来，再决定如何反应。

第四，积极沟通。发生矛盾时应倾听对方的观点，并清晰地表达自己的感受和需求。

06 自我提升，培养有益的爱好

漫画一角

每天写完作业后，明明就会躲在房间里玩手机、打游戏，一玩就是好几个小时，眼睛都看疼了。但他放下手机，又不知道该做什么。

你会像明明一样找不到有益的爱好吗？

他的朋友们都对他很担心。一天放学后，朋友拉着明明去打篮球，明明才发现原来还有这么好玩又不伤害身体的活动！

名言警句

兴趣是最好的老师。

——爱因斯坦

名人故事

爱迪生很小的时候就显露出极强的好奇心，对任何事情都有强烈的兴趣。尤其是物理、化学，他不仅仅感到好奇，还喜欢追根究底，自己照着书本做实验，凭兴趣搞科学发明，最后成为大发明家。

【为什么？】>> 为什么要自我提升？

自我提升、培养有益的爱好对个人成长和发展都具有重要意义。

培养有益的爱好可以使我们的生活更加丰富多彩，让我们在工作和学习之外，还能体验到不同的乐趣。像体育运动、瑜伽等，还对我们的身心健康有很大的帮助，可以增强身体素质，预防疾病。除此之外，培养有益的爱好可以激发我们的创造力和想象力。

通过不断地提高自我，适应社会的变革和发展趋势，我们可以在某个领域取得更高的成就，增强自信心，实现个人价值和社会价值。

【怎样做？】>> 如何实现自我提升？

自我提升是一个综合、持续的过程，有多种途径与方法，培养有益的爱好是行之有效的一种方法。

第一，花时间思考你对什么感兴趣，寻找感兴趣的领域，并花时间来了解、学习。

第二，任何新技能的掌握都需要时间和耐心，不要因为初期的挫折而放弃，重要的是享受学习和实践的过程。

第三，对世界保持好奇，不断寻找新的灵感和创意，同时确保新爱好不会干扰你的学习生活。

第四，找到志同道合的人，与有相同爱好的人交流。

第四章　社会交往

（礼貌达人心，处处受欢迎）

01 见人友好打招呼

漫画一角

明明最近很烦恼，他觉得和别人见面时打招呼太尴尬了。走在路上时远远看见熟人，他甚至提前躲了起来，就是为了不打招呼。

你会像明明一样不好意思打招呼吗？

明明向妈妈寻求帮助，妈妈带着他出门散步，见到其他人就落落大方地问好。明明跟在她身后，发现人们打招呼的时候都是一副很开心的样子。

名言警句

合意友来情不厌，知心人至话投机。

——冯梦龙

名人故事

乔·吉拉德是一名很出名的销售员，以其卓越的销售技巧和人脉管理能力闻名于世。他曾患有严重口吃，但仍主动礼貌地和客人打招呼，再放慢说话速度，长久练习之下，最终成为世界汽车销售第一的奇才。

【为什么？】>> 为什么要见人友好打招呼？

见人友好打招呼是一种社交礼仪。打招呼是尊重对方的一种方式，显示你认可对方的存在和价值，体现了个人的修养和教育水平。

通过打招呼可以迅速建立起人与人之间的联系，为进一步的沟通和交流打下基础；还可以给人留下良好的第一印象，有利于培养彼此间的好感和信任。积极的打招呼可以提升个人的心情。

如果见人不打招呼，可能是害怕对方不回应而感到尴尬，也可能是觉得先打招呼会落了自己的面子，或者是缺乏友好待人的思维。

【怎样做？】>> 如何培养见人友好打招呼的习惯？

第一，要明白打招呼是一种讲礼貌的行为，不必害羞，减少后顾之忧。

第二，使用适当的问候语，如“早上好”，保持微笑和适当的眼神交流。

第三，根据不同的社交场合调整你的打招呼方式，保持适当的距离，不要过于接近。

第四，记住对方的名字，并在打招呼时使用。如果对方正在忙或与他人交谈，等待合适的时机再打招呼。

02 乐于分享，不吝啬

漫画一角

妈妈说表妹明天来家里玩，明明听见了，连忙去把他爱吃的零食收拾起来，就连最喜欢的玩具也小心地藏好了。

你会像明明一样不喜欢分享吗?

妈妈发现了，严肃地批评了明明。第二天表妹来了，明明主动把好吃的零食拿过去分享，看着表妹的笑容，他也跟着笑了起来。

名言警句

独乐乐不如众乐乐。

——《孟子》

名人故事

公元前 121 年夏，汉武帝发动对匈奴的第二次河西之战。其间，汉武帝赐霍去病一坛美酒，霍去病没有独自享用，而是将酒倒入泉水与将士分享。为纪念此泉，称之为“酒泉”。后来当地也就以此命名，成为西域重镇。

【为什么？】>> 为什么要乐于分享？

吝啬的人往往会遭到朋友和家人的疏远，感到孤独，从而导致焦虑。吝啬的人往往只能获得很少的幸福感，人们一般不愿意和他们合作。

分享不仅能够增进现有的关系，还能帮助建立新的关系。当你慷慨地与他人分享时，别人更有可能信任你，与你建立深厚的友谊。分享会使你感到快乐与满足，获得幸福感，拥有更好的声誉，有助于在职业发展和个人生活中打开更多的门路。

分享可以让我们更加感激自己所拥有的，而不是总是关注自己所缺少的。

【怎样做？】>> 如何克服吝啬，乐于分享？

吝啬不利于个人发展，大部分时间与自私挂钩。乐于分享能帮助我们获得满足与快乐。

第一，逐渐培养分享的意识。分享不代表自己就没有了。

第二，分享不一定意味着要给予对方很多的东西。你可以从分享小东西开始，比如分享你的零食、书籍或时间。

第三，将分享纳入你的日常生活，逐渐养成习惯。比如在家庭中设立“共享日”，在这一天，家庭成员可以交换物品或共同参与活动。

第四，从分享的行为中寻找快乐。

03 乐于帮助，有爱心

漫画一角

同学的橡皮弄丢了，他焦急地找了半天，同学们都纷纷帮忙寻找。小明嫌麻烦，默默地趴在桌子上装睡觉。

同桌觉得他这样做很不好，一天都没有和他讲话。明明难过地思考了很久，他在想，自己是做错了吗?

名言警句

利人乎即为，不利人乎即止。

——《墨子》

名人故事

王羲之的书法天下闻名，但他轻易不肯给人写字。有一天，他在路上遇见一位老婆婆，她提着一篮竹扇叫卖，却没什么人买。王羲之很同情她，于是帮老婆婆在每把扇子上题字。竹扇很快就被抢购一空，老婆婆十分感激他。

【为什么？】>> 为什么要乐于助人？

通过帮助他人，可以建立和维护良好的人际关系，可以帮助我们结交朋友。乐于助人的人往往拥有更高的幸福感和生活满意度。助人还可以减少抑郁和焦虑，培养个人的同理心和理解能力，有助于建立一个更加团结和谐的社会。

当我们变成乐于助人的人，就会把这种行为传递下去，激励他人也做出积极的社会贡献，从而产生连锁反应。在帮助他人的同时，也可能在未来得到他人的帮助，形成一种正向的互助循环。

【怎样做？】>> 如何培养乐于助人的习惯？

乐于助人是一种优秀的品质，能使我们受益无穷。

第一，积极提升自己的能力，做好帮助别人的准备，同时思考并明确自己为什么要帮助别人。

第二，从小事做起。如帮忙拿东西、倾听别人的烦恼、给予鼓励的话语等，都是培养乐于助人习惯的好机会。

第三，阅读有关助人的书籍、文章或观看相关的视频，了解助人的重要性。

第四，定期参加志愿服务，找到生活中乐于助人的榜样，学习他们的行为和思想。

04 学会倾听，不打断

漫画一角

在汪老师主持的班会课上，各小组的同学们正挨个说着自己对于阅读图书的心得。大家听得都很认真，只有明明颇不自在地晃来晃去。

有一个同学提到了孙悟空，明明眼睛一亮，这我熟呀！他蹦起来打断了同学的发言，开始滔滔不绝地说起了自己的想法。老师批评了明明的这种行为。

名言警句

打断别人、乱插话的人，甚至比发言冗长者更令人讨厌。

——培根

名人故事

朱元璋在听官员建议时，总先说明，不管说得有无道理，一律无罪，而且每次都在他们说完后再发表自己的看法，从不刻意打断。他登基后，每天都有固定的时间在后花园邀请一些名人儒士交谈，每次都认真地倾听。

【为什么？】>> 为什么要学会倾听？

通过倾听他人的观点，可以更全面地了解对方的想法和需求，避免误解。倾听展现了对对方的尊重和关心，这有助于建立双方的信任关系。倾听可以提高沟通效率，不止关注于自己的表达，还可以避免自己陷入以自我为中心的境地。

如果总爱打断别人的话，不仅影响团结，还可能逐渐养成自高自大、自以为是的个性；嫉妒心理也可能随之出现，看不得别人超过自己。尤其是，可能刚好影响了别人的思路，容易使别人对自己感到厌恶。

【怎样做？】>> 学会如何倾听

学会倾听并且不打断别人的讲话，是提升沟通技巧和建立良好人际关系的重要一环。

第一，了解倾听对于个人成长、增进理解、建立信任及解决冲突的重要性。

第二，在对话中保持耐心，给对方足够的时间来表达观点。

第三，在对方讲话时，把所有的注意力都集中在对方身上，避免分心。心里出现想要打断对方讲话的想法时，提醒自己要先听完对方的讲话。在对方停顿时再发言，可以更自然地转换发言权。

第四，最后给予对方积极的反馈，表明自己一直在听。

05 诚实守信，不撒谎

漫画一角

明明不小心把花瓶打碎了，妈妈过来问怎么回事，他慌张之下撒谎说：“不知道，刚过来就看到它倒了。”

你会像明明一样撒谎吗?

晚上，明明怎么都睡不着，感觉心里怪怪的。他最后找到妈妈说出了实情，很难过地道了歉。妈妈摸了摸明明的头，笑着原谅了他。

名言警句

当信用消失的时候，肉体就没有生命。

——大仲马

名人故事

春秋战国时，商鞅主持秦国变法。商鞅在南门外立了一根三丈长的木头，并说谁能把这根木头搬到北门就有赏金。后来有人照做，商鞅立即赏了他五十金。他的这一举动在百姓心中树立了威信，变法也很快推广开来。

【为什么？】>> 为什么要诚实守信？

诚实守信是中华民族的传统美德，能够促进人与人之间的信任，利于建立人际关系。诚信是个人不断自我完善和自我修养的体现，有助于形成良好的道德品质。

撒谎会降低别人对我们的信任。如果从说谎的过程中得到了甜头，便会一发而不可收，最终成为虚伪的、不可信赖的人。

为什么会撒谎呢？可能是出于逃避心理或为了推卸责任、逃避批评和惩罚，也可能是为了维护自尊，或出于虚荣心理，希望借说谎来炫耀自己。

【怎样做？】>> 如何诚实守信不撒谎？

诚实守信是一种基本的道德准则，也是个人品格的重要体现。

第一，树立正确的价值观。在日常生活中，对自己的言行保持警觉，避免在任何情况下撒谎或夸大事实。

第二，言行一致。确保自己承诺的事情能够做到，不轻易许诺超出自己能力范围的事项。

第三，在与人交往时，坚持公平原则，不偏袒、不欺骗，对所有人一视同仁。

第四，一旦犯错，主动承认错误，不逃避责任，尽力补救由此造成的损失。

06 尊重隐私，不造谣

漫画一角

明明看到同学小方被老师叫到办公室里，忍不住好奇地跟了过去。他发现小方的眼角红红的，跑回来跟其他人说：“小方被老师骂哭了！”

同学们都认为小方被训哭了，纷纷对她进行安慰。小方问明情况后，这下真的气哭了，她只是被老师的话感动得红了眼睛！现在轮到明明手足无措了。

名言警句

所有的邪恶中，谣言散播最快。随着速度的加快更加激烈，随着散播面的扩展更有精力。

——维吉尔

名人故事

魏国太子要去赵国当质子，大臣庞恭对大王说：“如果一个人对您说闹市里有老虎，您信吗？三个人这么说呢？”魏王说：“一个人说有老虎我不信，但如果有三个人说，就相信。”庞恭说：“闹市里不会有老虎的，请陛下不要听信别人的谗言而误会太子。”

【为什么？】>> 为什么要尊重隐私，不造谣？

每个人都有权保护自己的个人信息，维护隐私权就是维护自己的个人自由和人格尊严，尊重隐私就是尊重他人。如果隐私可以被他人随意获取和泄露，就可能被恶意的人滥用，从而造成不可弥补的伤害。另外，泄露他人隐私和造谣也是一种违法行为。

谣言的传播十分迅速，会对个人的声誉和心理健康造成严重伤害。对社会而言，谣言可能导致不必要的恐慌甚至于暴动，影响社会秩序。不造谣利于确保信息的真实性与可靠性，利于创建和谐的社会。

【怎样做？】>> 如何尊重隐私，不造谣？

尊重隐私和不造谣利于维护个人尊严和社会稳定，也是法律对每个人的要求。

第一，保护他人隐私，不偷看别人隐私。如果获得了他人的信息，不随意泄露与传播。

第二，要有辨识信息真假的能力。不传播未经证实的信息，保持批判性思维。

第三，学会保护自己的隐私。小心地处理个人数据，不在社交网络平台上泄露太多个人信息，保持警惕，遵守社交规范。

第四，当发现侵犯隐私或散布谣言的行为时，敢于举报。

07 礼貌用语显家教

漫画一角

明明最近说话很不客气，不小心弄脏了云云的东西却不道歉，偶尔还会用命令的语气让云云帮他做事，云云很不喜欢这种行为。

你会像明明一样使用不礼貌用语吗？

云云决定以其人之道还治其人之身。她学明明的语气和态度对待明明。明明终于认识到自己的问题，找到云云说了对不起。

名言警句

礼之于人，犹酒之有糵也。

——孔子

名人故事

有一次，列宁正准备下楼，在狭窄的楼梯上碰到一个端着一盆水上楼的女工，女工发现是列宁，连忙就要退回去让路，列宁却说：“不必这样，请你先过去吧！”他把“请”字说得十分响亮，并紧靠着墙，让女工先上楼。

【为什么？】>> 为什么要礼貌用语？

礼貌用语在人际交往中十分重要，体现了个人素质。经常使用礼貌用语的人会给人留下有教养的好印象，从而获得别人的好感。在沟通中使用礼貌用语，可以使沟通更加顺畅，使信息的传递更加准确，表达了对对方的尊重，从而营造友好的交流氛围，减少发生冲突的可能，更利于化解误会。

广泛使用礼貌用语还能构建和谐社会，促进文明进步。如果不使用礼貌用语，会使他人感到被冒犯，从而影响交流的持续性与效率。

【怎样做？】>> 如何使用礼貌用语？

礼貌用语是人和人交往中的“润滑剂”，能够使生活更加美好。

第一，学习基础的礼貌用语，培养使用它们的习惯，用温和的语气进行沟通，学会考虑对方的感受。

第二，尊重他人的称呼，根据对方的身份和年龄使用合适的尊称。

第三，学会委婉的表达并提供理由。比如在拒绝邀请时可以说“感谢您的邀请，但我可能有事无法参加”，并提供拒绝的原因来表达诚意和尊重。

第四，及时回应对方的话，避免含糊其辞。

08 学会合作，一加一大于二

漫画一角

老师给同学们布置了一道手工作业，可以小组完成，也可以个人完成。明明花了很久才做完，但依旧不尽如人意。他很郁闷地听着老师对其他同学的夸奖。

云云发现了明明的失落，主动邀请他一起组队做手工作业。两人合作比一个人的效率高太多了！这次他们的作业被老师当堂夸奖了，明明很开心。

名言警句

一燕不能成春。

——克雷洛夫

名人故事

廉颇是赵国的名将，蔺相如则是文臣。廉颇认为蔺相如只有口舌之功却比自己官大，故而看不起他。蔺相如知道后以国家大事为重，避免与廉颇的相见。最终二人和解，联手合作辅佐国家，成就了一段佳话。

【为什么？】>> 为什么要学会合作？

当任务复杂而过于庞大时，合作就成为我们的最优解。在团队合作中，每个成员都具备不同的能力，相互补充，可以开拓更多的思考角度，给出更多解决问题的方法和路径。合作也能使成员们的劳动和信息共享，减少重复劳动，提高了资源的使用效率，增强了问题的解决能力。

合作还能在工作的同时培养良好的人际关系，提高我们的动力，学会如何与他人沟通，通过查漏补缺来促进个人的成长。团队成员在彼此的启发下还能够激发出更多的想象力。

【怎样做？】>> 学会如何合作

合作是完成任务必不可少的过程，良好的合作会使我们受益无穷，提高办事效率。

第一，明确合作的共同目标，从而制订策略和计划。明确的目标有助于确保每个人都朝着相同的方向努力。

第二，挑选志同道合的合作者。了解每个合作者的能力，明确分工，建立信任和尊重。

第三，学会积极地沟通。鼓励团队成员分享自己的想法，创造一个开放、良好的合作环境。

第四，冲突可能无法避免，发生冲突时应及时公正地处理，防止冲突恶化。

09 用沟通来解决冲突

漫画一角

明明正和同学伟伟踢球，伟伟突然崴脚摔倒在地上，疼得嗷嗷大哭。伟伟的奶奶看到了，以为明明推了他，便生气地走过来质问。

你会像明明一样用沟通来解决误会和冲突吗？

这是误会啊！明明等伟伟的奶奶冷静一点儿后，礼貌地解释了情况，还让缓过来的伟伟帮他作证。伟伟奶奶明白一切后，很不好意思地向明明道歉。

名言警句

一场争论可能是两个心灵之间的捷径。

——哈·纪伯伦

名人故事

罗斯福是美国历史上一位重要的总统。在美国经济大萧条期间，群众十分绝望。为了推动政策的施行，罗斯福通过“炉边谈话”与民众沟通，解释每一条政策施行的意义，稳定民心，最终引领美国度过经济危机。

【为什么？】>> 为什么要用沟通来解决冲突？

沟通是解决冲突的有效手段。有些冲突便是因为误解或信息传递有误而造成的，直接的沟通可以解释、消弭这些误会。沟通能帮助我们更好地理解各自的立场和需求，更清楚地寻找到冲突的根源。传达沟通的意愿也能表现出想解决问题的态度，利于展现对他人的尊重和理解，利于营造互相信任的氛围。

用沟通来解决冲突是成本最低的解决方法，利于保持和修复人际关系，避免更大的损失和伤害。同时加快了问题处理的过程，能够使方案更容易被执行。

【怎样做？】>> 如何用沟通来解决冲突？

沟通是解决冲突的重要工具，能够促进个人和集体的健康发展。

第一，在沟通前了解双方的需求，把握冲突的核心根源。

第二，选择合适的时间与空间，避免外界干扰，给予对方充分的时间来表达观点和感受，并努力理解对方。

第三，保持情绪的冷静，避免打断、攻击或指责对方。充分理解双方谈话的内容，积极寻找共同点。

第四，学会妥协，以寻求双方都接受的解决冲突的方案。

10 尊重差异，不排挤

漫画一角

班上最近来了个少数民族的插班生，明明觉得他的穿着和口音都怪怪的。班上其他同学也不敢和插班生一起玩，生怕不经意间碰到了他的忌讳。

你会像明明一样尊重差异，不排挤别人吗？

插班生很是失落。明明过意不去，主动凑过去夸他的饰品很帅气，其他同学也在他的带领下小心翼翼地围过来，大家很快打成一片。

名言警句

千姿百态，人各有异。

——《论语》

名人故事

1955 年，在印度尼西亚万隆举行的亚非会议上，为了争取有利的国际和平环境，中国代表团积极参与并发言。面对各方代表因各自利益而争执不下的场面，周恩来总理提出“求同存异”的方针，推动了会议的成功举行。

【为什么？】>> 为什么要尊重差异，不排挤？

人与人之间的差异是必定存在且无法避免的。如果不尊重差异，不仅会导致人际关系的缺失、歧视链的产生，还可能对他人的心灵产生严重的创伤，或严重影响我们的正常判断。

尊重差异是尊重别人的表现，也是促进不同群体交流的前提。差异性的多元环境可以激发我们的创新思维，减少因文化、观念或个性差异而引起的误解和冲突。学会尊重和包容差异有助于提升个人的情商，包括自我认知、自我管理和社交技能，甚至成为维护社会公平的前提。

【怎样做？】>> 如何尊重差异，不排挤？

尊重差异不仅是对他人的尊重，也是对自身的提升和对社会的贡献。

第一，通过学习增加对于不同文化、性别等差异的理解和尊重，培养批判性的思维，学会实事求是地客观分析。

第二，保持公正的平常心去对待他人，不随意歧视别人，不因差异而排挤别人。

第三，力所能及之时，主动纠正不尊重差异的情况。时常反思自己，勇于承认并纠正错误的观念和行为。

第四，了解国家政策和法律，参与社区内的多元文化活动。

第五章　公共场合

（礼貌又遵纪，人人都夸好）

01 公共场合不吵闹

漫画一角

明明和云云来到图书馆，找到了自己最喜欢的书，明明开心地大叫一声，顿时引得旁边的人都皱眉看了过来。

云云指了指墙上贴的“禁止吵闹”标识，明明尴尬地反应了过来，连忙对看过来的人鞠躬道歉。

名言警句

声无小而不闻，行无隐而不形。

——《荀子》

名人故事

毛泽东主席去延安的医院里看望战友，两人见面后愉快地在病房里交谈起来。这时一个护士过来说：“病人要安静，不能会客。”毛泽东便立刻说：“对不起，小同志。”随后离开了病房。

【为什么？】>> 为什么公共场合不要吵闹？

在公共场合保持安静是一种基本的社交礼仪。首先，这是对其他人的一种尊重，防止干扰到正在工作、休息或思考的人，影响他们的思路和效率。其次，公共场合是所有人共享的空间，我们应当遵守公共秩序，共同维护和谐、宁静、舒适的环境。最后，小声交谈还可以保护我们的个人隐私，避免被旁人听到。

如果在公共场合过于大声地喧哗，可能引起别人的不满与投诉，甚至可能引发冲突。

【怎样做？】>> 如何做到公共场合不吵闹？

在公共场合保持适当的声音大小，可以展现一个人的素质与教养。

第一，认识保持安静在公共场合的重要性。说话时注意音量，避免高声喧哗，避免突然地大笑和尖叫。

第二，如果播放音乐或接电话，可以考虑调低音量，或者使用耳机，避免声音外放干扰他人。

第三，遵循公共场所的规定和指示。使用身体语言，如手势或点头，可以有效减少安静环境中的噪音。

第四，如同伴在公共场合过于吵闹，要礼貌地提醒他们。

02 安静排队懂文明

漫画一角

明明来游乐园玩，游乐园还没开门，就已经排起了长长的队。他和云云站在队尾感慨，不知道要排多久才能进去啊。明明不禁思索起插队的可能性。

突然，队伍前面吵起来了。原来是一个人插队被其他人一起指责，正灰溜溜地逃跑呢。明明不禁庆幸，幸好他没插队！

名言警句

秩序是社会的灵魂。

——伏尔泰

名人故事

列宁去克里姆林宫理发室理发，很多人都在排队等待。列宁进去后，大家都让他优先理发，可列宁却笑着拒绝了。他说每个人都应该遵循公共秩序。他说完后，就排到最后的位置上等待了。

【为什么？】>> 为什么要安静排队？

安静排队是遵守公共秩序的一种表现，也是个人素质的体现。当人们安静排队时，能减少对工作人员的干扰，使需要的沟通更加清晰，减少误解和错误，能减少我们等待的时间。安静排队要求人们耐心等待，有助于培养自我控制能力，还能够营造和谐的社会环境，使社会变得更加文明。

如果不安静排队，不仅可能发生与他人的冲突，造成公共安全隐患，还会耽误我们的时间，使做事效率下降。

【怎样做？】>> 如何做到安静排队？

安静排队是文明的行为规范，能帮助营造一个更有序的排队环境，还能提高人们的等待体验。

第一，不插队，保持自我约束，自觉地站到队伍尾部，遵守公共秩序。

第二，降低谈话的音量，小声地使用手机等工具，避免声音过大影响到他人。

第三，保持耐心，避免公开表达不满或抱怨。

第四，如果发现他人试图插队，可以礼貌地提醒别人。如果自己有急事需要插队，应礼貌客气地向前后排队的人说明情况，获得同意后再进队，并及时感谢对方。

03 公共卫生，人人有责

漫画一角

一家人正在公园里郊游。明明吃完了三明治，就把食物的包装纸随手往草地上一扔，而他身边已经堆着不少垃圾了。

你会像明明一样在外面随地乱丢垃圾吗？

云云把看到的景象告诉了妈妈。妈妈走过来对明明说不能随地乱扔垃圾，不然这片草地怎么会这么漂亮呢？明明恍然地点点头，收拾好了所有垃圾。

名言警句

卫生是文明的标志。

——马克斯

名人故事

陈志潜被誉为“中国公共卫生之父”，一生致力于改善中国基层卫生保健和推动社区医学的发展。他还在大学任教，一直传授公共卫生学，也是我国健康教育事业的奠基人之一。

【为什么？】>> 为什么说公共卫生人人有责？

公共卫生是个人生命健康的重要保障，也是维护社会稳定的重大问题。公共卫生安全涉及整个社会的礼仪和安全，如果发生问题，它的影响传播极快，会带来极大的危险和灾难。因此，保护公共卫生是每个人需要共同履行的义务。遵守公共卫生相关的法律法规也是维护公共卫生秩序的基础。

如果公共卫生不受到重视与保护，不光会导致各种传染病的迅速传播，严重时危及个人的生命，还会扰乱社会秩序，使人们无法正常地生活与出行。

【怎样做？】>> 如何保护公共卫生？

保护公共卫生是每个人的责任，也是维护我们身体健康的关键。

第一，通过社会宣传与普及等渠道，了解更多的卫生与健康知识，获取并传播官方和权威的公共卫生信息，避免谣言和错误信息的传播。

第二，培养良好的个人卫生习惯，比如不随地乱扔垃圾、不随地吐痰等。

第三，遵守公共卫生政策和法规，比如疫情时按规定戴口罩、接受疫苗接种等。

第四，积极参与公共卫生活动，可以担当志愿者，身体力行地清洁公共环境。

04 远离危险，不乱跑

漫画一角

明明一家人正在逛超市。趁着爸爸妈妈在挑选东西，明明在货架间跑来跑去，觉得自己好像在跑酷一样，十分帅气！

你会像明明一样不顾危险到处乱跑吗？

哎呀！明明跑得太快，一转弯就和一个叔叔撞上了。明明坐在地上，捂着自己的额头嗷嗷大哭，十分后悔。

名言警句

凡行步趋跄，须是端正，不可疾走跳掷。

——朱熹

名人故事

春秋时期，齐桓公领军去援助被山戎抢劫的燕国。他们到时敌军已经跑了，齐桓公决定带兵继续追击，结果在敌人的阴谋下，大军在沙漠里迷路了，靠着队伍里的老马才走出沙漠，死里逃生。

【为什么？】>> 为什么在公共场合不要乱跑？

公共场合往往较为拥挤，乱跑不仅可能撞到他人或不小心被物品绊倒，还可能在拥挤中走失，找不到爸爸妈妈，严重者摔倒后甚至可能引发踩踏事件，具有较大的安全隐患。为了保持公共场合的秩序和自身安全，避免造成混乱，应当约束自己的行为。而且在公共场合保持适当的行为举止是对他人的尊重，乱跑可能会干扰到他人，影响他们的体验或活动。

在一些特殊的场合，如医院、商店等，乱跑还可能造成一些事故的发生，对公共物品造成损坏。

【怎样做？】>> 如何做到远离危险？

在公共场合中应该学会保护自己的安全，远离危险。

第一，时刻注意周围环境，对周围的人和事保持一定的警觉性，不到处乱跑，避免误入不安全的地方。

第二，不要在走路时使用手机或其他电子设备，以免分散注意力而发生意外。

第三，不随意接受陌生人的东西。对于陌生人提供的食物、饮料或物品要谨慎，以防被下药或诈骗。

第四，与同伴保持联系。如果是和朋友或家人一起出行，确保彼此之间有联系方式，并约定在走散时的集合点。

05 爱护公物，不乱涂乱画

漫画一角

一家人出来旅游啦！明明看着雄伟威武的石狮子，忍不住为之震撼。他突然想着：如果在这里留下自己的名字，那该多有纪念意义呀！

你会像明明一样想在公物上乱涂乱画吗？

云云和妈妈连忙阻止了明明！云云指着另一个被乱涂乱画到已经看不清原本样子的石狮子，问明明这样还好看吗？明明惭愧地摇了摇头。

名言警句

勿以恶小而为之，勿以善小而不为。

——刘备

名人故事

司马光小时候就十分注重保护公共财产。有一次他和小伙伴在一起玩，不小心把院子里的砖头踩坏了，便主动向长辈承认错误，还用零用去赔偿。当官后，他也严格约束自己的下属要爱护公共设施和财物。

【为什么？】>> 为什么要爱护公物？

爱护公物是每个公民应尽的责任，是我们营造一个良好的社会公共环境的必然要求。公共设施是为所有人提供便利的，如果不爱护公物，可能会造成公共财产的损失和浪费，也会影响我们自己的生活质量。公共设施得到妥善管理和爱护，就能更好地服务于公众，从而提高每个人的生活体验。破坏公物也可能会受到法律的制裁。

另外，许多公共设施和历史遗迹都具有重要的文化和历史价值，爱护这些公物有助于保护和传承这些价值。

【怎样做？】>> 如何做到爱护公物？

爱护公物是培养公民责任感和道德感的重要行为。

第一，树立正确观念，意识到爱护公物的重要性，将其视为个人的责任和义务。

第二，遵循公共场所的规定，不随意触碰或破坏公共设施，不乱涂乱画、不攀爬公共雕塑。

第三，使用公共设施时要小心注意、轻拿轻放，合理地使用公共资源，避免造成不必要的损坏。

第四，如果看到他人故意破坏公物，应勇于站出来制止或向相关部门举报，以防止公物遭到进一步的损害。

第六章　情绪管理

（情绪管理者，打造高情商）

01 远离焦虑，告别负面情绪

漫画一角

明明最近总是很焦虑，作业写不完会让他焦虑，考试考得不好也会让他焦虑。他这几天都愁眉苦脸的。

你会像明明一样总是感到焦虑，负面情绪很多吗？

因为负面情绪太多，明明考试又发挥失常了。他大哭起来，怎么跌进了一个恶性循环呀！云云和妈妈连忙来安慰他。

名言警句

能控制好自己情绪的人，比能拿下一座城池的将军更伟大。

——拿破仑

名人故事

斯多塞尔从小就饱受焦虑的困扰，他的恐惧和紧张甚至引起了诸多生理上的反应，比如呕吐。通过多年的自我研究和学习，他逐渐成为治疗焦虑疾病的专家。在他的书里，斯多塞尔分享了他的焦虑经历。

【为什么？】>> 为什么要远离焦虑，告别负面情绪？

负面情绪影响着人们的身心健康，长期的焦虑会使身体处于应激状态，严重者会引起多种身体问题；持续的负面情绪也会破坏心情，使我们的心理健康受损，甚至产生抑郁和焦虑症状。

除此之外，负面情绪还会影响我们的生活质量，焦虑更是会影响我们的判断和决策能力，不容易集中注意力去解决问题，从而降低我们的学习和工作效率。在焦虑的影响下，我们做事往往会丧失正常的水平，从而加剧自身焦虑，形成一个恶性的循环。

【怎样做？】>> 如何远离焦虑，告别负面情绪？

第一，了解和接受自己的情绪，不抵触自身，不过高要求自己，学会爱自己。

第二，规律性地做一些能让自己感到身心愉悦的事情。培养可以放松心情的兴趣爱好，定期进行身体活动，如散步、跑步、游泳或瑜伽。

第三，养成良好的睡眠和饮食习惯，合理安排时间，避免过度工作和拖延工作。

第四，如果自己难以应对，学会向父母、朋友或专业医生求助。

02 正确表达自己的情绪

漫画一角

同桌在明明生日这天给他带了礼物。明明很高兴，但是为了保持他的帅气形象，他忍住了没笑出来，只保持一副“帅气”的冷酷面容，说了声谢谢。

你会像明明一样不懂得如何正确表达自己的情绪吗？

第二天，同桌看上去心情很不好。明明关心地问了半天才找到原因：同桌以为明明冷着脸，是不喜欢自己送的礼物呢！明明只好赶紧解释原因。

名言警句

良言一句三冬暖，恶语伤人六月寒。

——《增广贤文》

名人故事

海伦·凯勒变成盲聋人之后，总把自己的害怕、难过变化成愤怒来表达。海伦与老师发生了很多冲突，但老师知道她真实的情绪，总是慢慢地引导海伦，海伦逐渐从暴躁变得平静，懂得如何表达自己的情绪，重新融入了社会。

【为什么？】>> 为什么要正确表达自己的情绪？

正确表达情绪是一种重要的个人能力。于自我而言，正确地表达情绪可以帮助我们更好地理解自己，从而更容易地控制自身的情绪。正确表达自己的情绪能够推动沟通的效果，也对我们建立更良好的人际关系有所帮助。合适的情绪表达方式，如倾诉、艺术创作等，可以成为情绪释放的渠道，帮助减轻情绪负担。

如果压抑情绪或不当表达自己的情绪，对于各种情况的适应力就会减弱，心理承受能力也随之减弱，就容易产生误会，甚至发生矛盾和冲突。

【怎样做？】>> 如何正确表达自己的情绪？

正确表达自己的情绪不仅是表现自我的需求，也是十分重要的社交技能。

第一，了解自己的情绪，直面自己的感受，而非试图压抑或否认它们，要敢于表达自己真实的想法。

第二，表达时的遣词造句要礼貌温和，避免责备或指责他人，应保持冷静和尊重别人。

第三，正确表达情绪是一个学习过程，需要时间和耐心，同时要保持开放心态，接受不同的反馈和观点。

第四，如果不敢直接对话，可以尝试使用写作等方式来表达情绪。

03 压力也可以是挑战

漫画一角

汪老师依照同学的平时表现，给所有人布置了预估考试分数线，相信大家都有这个能力。明明看着汪老师给自己的分数要求，顿时感觉压力山大。

你会像明明一样把压力化作挑战吗？

有了压力也就有了动力！明明不想辜负汪老师的期待，于是埋头苦学，这次考试成绩稳稳当当地达到了汪老师预估的分数线。

名言警句

人们最出色的工作往往在处于逆境的情况下做出。思想上的压力，甚至肉体上的痛苦，都可能成为精神上的兴奋剂。

——贝弗里奇

名人故事

篮球名人堂成员比尔·拉塞尔在大部分比赛前都会感到十分焦虑，甚至于呕吐。他的教练会留意他有没有这种表现，来判断他是否在赛前感到紧张，并认为这能刺激他在赛场上做出最佳的表现。

【为什么？】>> 为什么说压力也可以是挑战？

在我们的生活中，压力来源于许多方面且难以避免。如果能把压力转化为激励自己前进的动力，将之视为成长的机会，就会对我们有所助力。

压力可以激发人的潜能，促使人更加努力地工作和学习。在压力的敦促下，我们会更加专注地投入到事情中去，从而提高效率。压力让我们学会在不同环境下调整自己的心态和行为，增强适应不断变化的能力，还锻炼了我们的心理承受能力，增强了自信心。面对压力，我们要学会不断地学习和实践，提高自己的综合素质。

【怎样做？】>> 如何将压力转化为挑战？

如果无法把压力转化为动力，就会被它的负面作用所干扰。

第一，面对压力，保持积极乐观的态度非常重要，把压力看作是前进的机会。

第二，为自己设定切实可行的目标和期望，将大目标分解成小步骤，这样每一次的压力都变成了一个可实现的挑战。

第三，合理安排时间，优先处理重要且紧急的任务，避免拖延，减少因时间紧迫而产生的压力。

第四，当注意到自己被压力占据时，有意识地把注意力转移到爱好和学习上。

04 勇敢上台不紧张

漫画一角

班上开展演讲比赛，同学们可以自由报名。明明很想挑战一下自己，却又害怕自己因为太紧张而出糗，一时间十分犹豫。

你会像明明一样克服紧张，勇敢地上台吗？

汪老师知道后，很耐心地鼓励了他。在比赛当天，明明勇敢地站上了讲台，尽管紧张地发抖，依旧完成了演讲。大家热情地鼓起掌来。

名言警句

勇气不是没有恐惧，而是战胜恐惧。

——曼德拉

名人故事

沈从文第一次上台讲课时，因为慕名而来听课的人太多，一时紧张得不知道说什么。他过了一会儿才平静下来，开始讲课。然而一个课时的授课内容，竟被他十分钟就讲完了，好在他急中生智说明了情况，大家都笑着理解了。

【为什么？】>> 为什么要勇敢上台？

人们上台时会受到公众的注视，大多数人都会有对失败的恐惧、羞耻或尴尬感，这些都是紧张的来源。也有人对自己的要求十分严格，希望能够完美地呈现自我，害怕失去别人的认可，从而过于重视自己的表现，都会增加上台时的紧张感。

勇敢上台进行演讲是对自我表达能力、自主能力的锻炼。能够镇定自若地面对众人，有助于提升个人形象和影响力，也能够提升自信心和对自我能力的肯定。克服紧张、勇敢上台也是一次挑战自我、突破自我的机会。

【怎样做？】>> 如何克服紧张？

克服紧张，勇敢上台，走出自己的舒适区，能够促进我们的自身发展。

第一，进行自我情绪的掌控和心理的疏导，抓住上台的机会，正常看待登台面对公众的行为，保持平常心。

第二，熟悉我们上台时所需要表达的内容，可以在家中进行模拟试讲。

第三，通过反复练习，可以提高我们的表达技巧，增强表达能力。反复多次地上台也能减少我们的紧张感。

第四，正视紧张感，相信自己能够完成演讲，保持积极的心态。

05 哭闹不能解决问题

漫画一角

明明和爸爸外出，他看到了一个非常喜欢的小汽车玩具，一时心动不已。爸爸说家里的玩具很多了，不给他买。明明顿时坐在地上哭闹起来，不买就不走。

你会像明明一样试图用哭闹解决问题吗？

最终明明妥协，跟爸爸回家了。明明思考很久，问爸爸如果他这次考试排名上升，能不能给他买这个玩具。爸爸欣然同意。明明最终也如愿获得了这辆小汽车玩具。

名言警句

眼泪无法洗去痛苦。

——拉克司内斯

名人故事

儒勒·凡尔纳的第一部作品《气球上的五星期》的出版过程十分坎坷。他前后投了 15 家出版社都没得到回应，也曾因此情绪崩溃，但他知道哭闹对于解决问题毫无作用。终于，第 16 次投稿时他的作品被接受了。他的努力获得了回报。

【为什么？】>> 为什么哭闹不能解决问题？

哭闹是一种宣泄情绪的方式，对于年纪较小的孩子来说，还是达成目的、表达需求的手段。但随着年龄增长，这种手段对于父母将不再有效。哭闹不仅无法正常地传递自己的需求，不如直接说明来得简洁快速，还可能加重别人的厌恶感，引起别人的反感，从而导致别人回避问题。

哭闹也会使自己的情绪化更严重，从而丧失较好的思考和判断能力，使人觉得无法沟通。频繁地利用哭闹来达成自己的目的，也容易对身体产生负面影响，不能较好地调控自身情绪。

【怎样做？】>> 如何不依赖哭闹解决问题？

为了有效地解决问题，我们需要冷静的头脑、清晰的表达。

第一，面对问题时使自己尽量冷静下来，要清楚哭闹是没有作用甚至会起反作用的，不要让情绪掌控自己。

第二，进行清晰简洁的沟通来表达自己的需求和想法，方便他人能够理解自己。

第三，基于问题从多方面寻找解决方案，并权衡利弊，得出最好的解决方案。

第四，如果觉得自己无法独立解决问题，不要害怕寻求他人的帮助。

06 冲动是魔鬼，管理好情绪

漫画一角

班上几个调皮捣蛋的同学聚在一起说明明的坏话。有人告诉了明明，明明瞬间被愤怒冲昏了头脑，冲动地找过去质问，争执间打了其中一个人的胳膊。

你会像明明一样冲动地做事吗？

汪老师训斥了参与这件事的所有人。回家路上，明明很沉默。妈妈知道后说如果其他同学没拦着，你们就真要打起来了，一开始是他们犯错，但一冲动打了别人，你就也有错了。明明听完若有所悟。

名言警句

世界如一面镜子：皱眉视之，它也皱眉看你；笑着对它，它也笑着看你。

——塞缪尔

名人故事

传说吴三桂曾经“冲冠一怒为红颜”。当收到爱妾陈圆圆被李自成带走的消息后，他冲动地改变了原来的计划，引清兵入关，导致中原落于清朝手中。

【为什么？】>> 为什么说冲动是魔鬼？

当人们冲动行事时，往往会被情绪所左右，从而丧失判断和思考能力，容易受到操纵或误导，做出不利于自身发展的行为。冲动行事还可能导致严重的后果，往往在事后引发后悔情绪，因为这是非理性的选择，只关注了短期的效应。人们也不愿意与过于冲动的人打交道，因为太冲动的人缺乏自控力。

情绪是一把双刃剑，如果能管理好情绪，就能发挥情绪的正向作用，化紧张、压力为动力；如果无法管理好情绪，就会被情绪支配，甚至做出伤害他人的行为。

【怎样做？】>> 如何管理好情绪？

避免冲动行为，管理自我情绪，能够更理智、有效地处理事情。

第一，在做出任何决定前，给自己时间去冷静和思考。当感到情绪激动时，可以通过深呼吸来冷静情绪。

第二，在采取行动前，提前思考可能导致的后果和影响，进行充分的利弊分析。

第三，采取积极的生活方式，正向思考，避免太悲观地看待困难和挑战，增强自我调控能力。

第四，找一些活动来分散、转移注意力和抒发情绪，比如阅读、运动、写作等。